DE

L'EXPÉDITION CONTRE ALGER,

PAR

J. C. L. DE SISMONDI.

Extrait de la Revue Encyclopédique.

A PARIS,

AU BUREAU DE LA REVUE ENCYCLOPÉDIQUE,

RUE DE L'ODÉON, N° 30.

MAI 1830.

DE

L'EXPÉDITION CONTRE ALGER (2).

L'expédition contre Alger, qui se prépare dans les ports de France, a donné lieu à un grand nombre de publications destinées à satisfaire la juste curiosité de ceux qui devront y prendre part, ou en personne, ou par leurs enfans, leurs

(1) On souscrit, pour ce Recueil, dont il paraît un cahier de quatorze feuilles d'impression tous les mois, au BUREAU CENTRAL D'ABONNEMENT, et chez SÉDILLOT, libraire, *rue de l'Odéon*, n° 30. Chaque cahier se compose de quatre sections :

I. *Notices et Mémoires* sur des objets d'un intérêt général.

II. *Analyses* d'ouvrages choisis, 1° *Sciences physiques;* 2° *Sciences morales et politiques;* 3° *Littérature et Beaux-Arts.*

III. *Annonces bibliographiques* d'ouvrages nouveaux, classés par pays, et dans chaque pays, par sciences.

IV. *Nouvelles scientifiques et littéraires.*

Prix, à Paris, 46 fr. pour un an ; dans les départemens, 53 fr. . et 60 fr. pour les pays étrangers.

(2) On peut consulter, sur Alger, les ouvrages dont les titres suivent :

1. ALGER. — *Tableau du royaume, de la ville d'Alger, et de ses environs ; état de son commerce, de ses forces de terre et de mer ; description des mœurs et des usages du pays :* précédé d'une *Introduction historique sur les différentes expéditions d'Alger, depuis Charles-Quint jusqu'à nos jours,* avec *carte, vue, portraits et costumes* de ses habitans ; par M. RENAUDOT, ancien officier de la garde du consul de France à Alger. Paris, 1830 ; P. Mongie, boulevard des Italiens, n° 10. In-8° de 182 pages ; prix, 7 fr.

2. *Histoire d'Alger et du bombardement de cette ville, en 1816 ;* des-

amis et leurs compatriotes. Nous avons cherché à nous procurer le plus grand nombre que nous avons pu de ces écrits de circonstance ; mais d'autres paraîtront sans doute encore, pendant que ces pages seront sous la presse, d'autres tandis qu'elles circuleront déjà ; et peut-être, entre toutes ces brochures, ne s'en trouvera-t-il aucune qui réponde pleinement à ce que le public pouvait demander ; tout au moins, celles dont les titres se trouvent dans la *Note* ci-dessous laissent encore beaucoup à désirer.

La première, par M. Renaudot, est celle qui, probablement, donnera le plus de satisfaction. L'auteur, appelé par ses fonctions d'officier de la garde du consul de France, à résider dans le pays, et à en connaître les habitans, parle

---

cription de ce royaume et des révolutions qui y sont arrivées, de la ville d'Alger et de ses fortifications, de ses forces de terre et de mer, mœurs et costumes des habitans, des Mores, des Arabes, des Juifs, des chrétiens ; de ses lois, de son commerce et de son revenu, etc., avec une carte du royaume, et une vue lithographiée de la ville d'Alger, de ses fortifications et de sa rade. Paris, 1830 ; Piltan, libraire, rue des Saints-Pères, n° 31. In-8° de 366 pages ; prix, 6 fr.

3. *Souvenirs d'un officier français,* prisonnier en Barbarie, pendant les années 1811, 1812, 1813 et 1814, etc., etc., par M. Contremoulins, P. M. de Nantes, capitaine en congé illimité. Anselin, libraire, rue Dauphine, n° 9. In-8° de 44 pages ; prix, 1 fr. 50 c.

4. *Alger, esquisse topographique et historique* du royaume et de la ville : accompagné d'une carte générale du royaume, et d'un plan du port, par A. M. Perrot, membre de plusieurs sociétés savantes. Paris, 1830 ; Ladvocat, libraire, Palais-Royal. In-8° de 94 pages ; prix, 3 fr.

5. *Au Roi et aux Chambres, sur les véritables causes de la rupture avec Alger, et sur l'expédition qui se prépare,* par *Alex.* de Laborde, député de la Seine. Paris, 1830 ; Truchy, libraire, boulevard des Italiens, n° 18. 1 vol. in-8° de 170 pages ; prix, 3 fr.

6. *Carte de la régence d'Alger, et d'une partie du bassin de la Méditerranée,* donnant le rapport qui existe entre la France et les États barbaresques, par A. H. Dufour. Paris, 1830 ; Charles Simoneau, rue de la Paix, n° 6.

du moins de ce qu'il a vu, et ses passions même, sa haine contre les Turcs, les Maures, les Juifs, son dégoût pour les manières, le climat, les productions, les fruits même du pays, ses remarques galantes sur les femmes Maures et les juives, ont un grand caractère de vérité. D'autre part, les préjugés et la partialité de l'auteur se manifestent presque à chaque page ; et, tout en lui tenant compte de beaucoup de renseignemens utiles, on en cherche en vain beaucoup d'autres, qu'il annonce, qu'il indique et qu'il ne donne pas.

La seconde brochure n'est que le résultat d'une spéculation de libraire. Après avoir fait choix d'une description d'Alger, publiée en Angleterre au commencement du siècle passé, par quelque homme attaché au consulat anglais, l'éditeur en a retranché le nom et la date, et il y a ajouté la relation de l'expédition de lord Exmouth, pour lui donner une apparence plus moderne ; il y a joint aussi une préface, des réflexions prétendues philosophiques, et des résumés presque toujours en contradiction avec le corps de l'ouvrage. Cependant, on trouve quelquefois dans cet écrit des choses curieuses et instructives ; mais, faute de connaître ou celui qui parle, ou le tems dont il parle, on ne sait quelle foi on doit lui accorder.

La troisième brochure est intitulée *Souvenirs ;* son auteur cependant semble ne s'être souvenu de rien, ou ne savoir rien nous raconter de ce qu'il a dû voir pendant sa captivité en Barbarie. Au lieu de faits, il nous donne ses spéculations sur l'armure et l'accoutrement qui lui paraissent convenir aux soldats qu'on enverra faire la guerre sur la côte d'Afrique.

La quatrième est une courte compilation, faite par un homme accoutumé à écrire, et accompagnée de bonnes cartes ; mais elle ne nous apprend rien que ce que l'auteur a trouvé dans des livres déjà connus.

La cinquième est empreinte du talent et du patriotisme de l'honorable député qui l'a publiée ; elle contient plusieurs renseignemens précieux sur les rapports diplomatiques de la France avec Alger ; mais il faut y chercher bien plus des sujets d'investigation quant à la conduite du ministère, peut-être des motifs d'accusation contre lui, qu'une description statistique ou une histoire du pays que les Français vont attaquer.

Ce n'est point de ces questions de controverse parlementaire que nous désirons nous occuper aujourd'hui. Il est possible que le dey d'Alger ait été volé par les sieurs Bacri et Busenach, ses agens, et que des hommes qui avaient en France accès auprès du pouvoir aient favorisé cette volerie pour y prendre leur part. Il est possible que la conduite du consul de France, à Alger, n'ait pas été exempte de reproches : dans ce cas, nous espérons qu'une discussion approfondie devant les Chambres portera la lumière sur toutes les fraudes, sur tous les mystères d'iniquité, et que les coupables, s'il y en a, n'échapperont point au châtiment qu'ils méritent. On peut croire encore que la guerre entreprise aujourd'hui a été regardée par le ministère, bien moins comme nécessaire pour venger une insulte, que comme utile pour enivrer la nation d'un peu de fumée militaire, et qu'il s'est proposé de vaincre dans les champs d'Alger, non les pirates, mais les électeurs qui recrutent les rangs de l'opposition. Dans ce cas, nous ne doutons point qu'un calcul si frivole et si misérable ne soit trompé ; car les électeurs recommanderont à leurs députés d'exiger un compte sévère de l'argent et du sang de la France. Si le ministère a sacrifié à ce petit calcul parlementaire les vraies convenances de la patrie, s'il a précipité ses opérations, en les réglant non d'après le climat, non selon une juste économie, mais sur les chances électorales, un compte plus sévère encore lui sera demandé, ou de la nonchalance avec laquelle, pendant trois ans, on a négligé de se mettre en état d'agir efficacement, ou de la précipitation ruineuse qui a présidé aux derniers armemens, afin de pouvoir commencer la campagne trois mois seulement après l'avoir résolue. S'il est vrai que des marchés scandaleux, obtenus à l'aide de pots de vin de plusieurs millions, couvrent des voleries effroyables, ce sera encore aux Chambres à faire justice. Ce sera à elles à déployer toute leur sévérité, si, par les conséquences d'une

ignorance présomptueuse, l'expédition manquait de succès ;
si la jeunesse de France périssait sur les mers ou sur les
sables d'Afrique, victime de l'ineptie du ministère. Mais toutes ces craintes, fondées sur des conjectures ou des bruits
populaires, ne nous présentent point encore assez de réalité,
pour que nous nous permettions de les examiner.

C'est à une question plus haute, plus générale, que nous
voulons nous attacher, à une question que semblent obscurcir
et l'esprit de parti, et la juste défiance que le ministère ins-
pire. Nous croyons fermement, et nous voulons établir que
la guerre d'Alger, considérée abstraitement, faite en tems
opportun, et poursuivie jusqu'au but qu'elle doit naturelle-
ment atteindre, est une guerre juste, qu'elle est honorable,
qu'elle est utile à la France, et que, de toutes les conquêtes
que la nation peut désirer, aucune ne lui serait plus avanta-
geuse que celle des rivages si rapprochés de la Barbarie.

Tous les voyageurs qui ont vu Alger, tous les écrits qui ont
été publiés sur cette régence, nous la représentent également
comme la plus grande association formée pour le brigandage
qui ait jamais existé sur la terre. Depuis l'an 1516, où le corsaire Horuch, Aruch, ou Aroudj Barberousse, introduit à Alger par le roi maure de cette contrée Sélim Eutemy, fit périr
son bienfaiteur, et s'empara de son trône, la souveraineté a
toujours appartenu à la bande de brigands formée par ce premier corsaire, organisée par son frère et son successeur Haria-
den, et recrutée au loin dans le Levant, de manière à se
maintenir toujours au nombre d'environ douze mille hommes. Ces Turcs levantins, associés pour le crime, et choisis parmi les hommes que les tribunaux poursuivent, et que
la société rejette, sont tellement odieux à leurs compatriotes,
qu'il est sans exemple qu'une seule femme turque se soit
jamais abaissée jusqu'à épouser un algérien. Cependant, chacun de ces bandits, dès qu'il est enrôlé dans la milice d'Alger,
se fait nommer effendi, ou monseigneur; il se regarde comme
ayant part à la souveraineté : c'est pour lui, c'est pour assu-
rer sa paie, croissante d'année en année, que les pirates d'Al-

ger vont en course sur la mer, et que les beys, suivis de leur
petite armée, lèvent des contributions sur la terre : il monte
par ancienneté successivement en grade, jusqu'aux plus
hauts emplois de la milice ; et, si la perfidie ou la violence
des factions le favorise, il s'assied sur le trône électif du dey.
Mais nul ne peut entrer dans la milice d'Alger, s'il n'est Turc
levantin, ou renégat chrétien ; c'est là le titre de noblesse que
Barberousse inventa en imitation de l'ordre de Malte. Qui-
conque est né dans les États sur lesquels domine la milice
d'Alger, est exclu à jamais de cette milice ; ni Maure, ni
Arabe, ni Bérébère, ni Juif ne peut s'y faire admettre ; les enfans des effendis de la milice, qu'on désigne sous le nom de
Kouloglis, ceux des beys, ceux du dey lui-même en sont ex-
clus à jamais ; rien ne peut effacer en eux la tache d'avoir reçu
le jour d'une femme maure, ou esclave (1).

Le chef que ces brigands élisent entre eux pour les com-
mander, et qu'ils nomment leur dey, ne s'élève jamais au
trône que sur le cadavre de son prédécesseur poignardé. Chaque élection est précédée et suivie de plusieurs massacres. Le
prétendant couronné ne laisse vivre aucun de ses compéti-
teurs, et, s'il ne périt pas lui-même dès le premier jour de
son règne, il fait tomber aussitôt les têtes de tous ses rivaux.
Au reste, c'est une dignité laborieuse que celle à laquelle il
parvient à ce prix. Ses camarades, qui l'ont élevé au-dessus
d'eux pour maintenir la discipline, pour terminer leurs que-
relles et pour rendre la justice, lui laissent à peine un moment de repos. Dès le lever du soleil, tous les jours de la se-
maine, excepté le jeudi et le vendredi, il est assis sur une
peau de lion, dans la salle du Divan, occupé d'abord des affaires d'État, avec ses ministres qui l'entourent, puis, de juger et de faire exécuter ses sentences. Il remplit ces derniè-
res fonctions sans respect pour la vie humaine, sans modéra-
tion dans les supplices et dans les amendes, mais aussi sans

---

(1) Tout décline à Alger, et il semble que la milice souveraine ne compte
plus aujourd'hui que six ou sept mille hommes.

délais, sans frais, et avec une impartialité grossière, qu'on trouve de même assez ordinairement chez un capitaine de voleurs, chez un chef de Bohémiens, chez le commandant d'un vaisseau de pirates, qui, comme le dey d'Alger, gouvernent des sociétés formées pour être en guerre avec toute société humaine.

Le brigandage d'Alger pèse également sur les mers et sur les terres. La milice souveraine d'Alger, ou les douze mille Turcs au nom desquels le dey d'Alger règne, ne connaissent aucune industrie ; ils ne sont associés que pour dépouiller les faibles et pour partager leurs dépouilles. La piraterie est considérée comme la première source des revenus de l'État. Le trésor public réclame la moitié franche du produit de tous les vaisseaux capturés, la moitié du chargement, et la moitié de la valeur des hommes, qui sont vendus à l'encan au marché public, après qu'on les a fait courir, sauter, porter quelque fardeau devant les acheteurs, qu'on a exploré tous leurs défauts corporels, sans respect pour le sexe ni l'âge. Ces esclaves sont nourris ensuite au bagne, avec trois pains noirs d'une demi-livre chacun, par jour, et un peu d'olives au vinaigre ; ils doivent gagner leur vie par le travail, à moins qu'ils ne soient retirés du bagne pour partager les honteuses faveurs de leurs maîtres. Il y a assez habituellement à Alger treize cents esclaves chrétiens dans les bagnes, sept cents chez les particuliers.

Au tems de la haute puissance des Algériens, sous les deux Barberousse, et leurs premiers successeurs, quand leur marine l'emportait sur toutes celles de l'Europe, ils exerçaient la piraterie indistinctement contre toutes les nations chrétiennes ; mais ils n'ont cessé de décheoir par les conséquences naturelles de leur genre de vie et de leurs crimes ; leur marine ne se compose plus que de douze à quinze bâtimens portant ensemble environ deux cents canons. Dès lors ils ont consenti à se lier par des traités, à respecter les puissances les plus redoutables, moyennant des présens annuels qu'ils exigent d'elles ; mais ils ne font aucun traité avec celles qu'ils ne redoutent pas ; ou bien sans provocation, sans offense, ils déclarent la guerre au Pape, aux petits États d'Italie, aux villes anséatiques ; non qu'ils aient à se plaindre d'aucun tort qu'on leur ait fait, mais parce que leur trésor est vide et qu'ils veulent le remplir. Ces forbans sont en dehors du droit des nations ; ce sont eux qui l'ont voulu, ce sont eux qui ont considéré comme un motif suffisant de guerre, de dire à un autre peuple : « Nous voulons vos biens, pour les partager, vos personnes, pour être nos esclaves. » Ils ont ainsi rendu légitime toute guerre qu'on leur fera, sous la seule condition de la leur déclarer. Ils se plaignent aujourd'hui de ce que le consul français a pris sous sa protection des sujets romains ; car la France s'était soumise, par des traités confirmés pour la dernière fois le 29 mars 1790, à la condition honteuse « de ne point prêter son pavillon, et de ne point protéger les navires des puissances étrangères qui pourraient être en guerre avec la régence d'Alger (LABORDE, p. 26). » Mais cette régence n'a eu d'autre motif, d'autre prétexte pour déclarer la guerre au Pape, que le désir de piller ses sujets ; ce motif est suffisant pour lui déclarer la guerre à elle-même.

Le brigandage de la milice turque d'Alger s'étend sur tous les pays situés entre les royaumes de Maroc et de Tunis, la Méditerranée et le grand désert d'Afrique. Ce pays est désigné sous le nom de royaume d'Alger, quoiqu'il soit habité par un grand nombre de peuples indépendans, annuellement pillés par les Algériens, mais qui se défendent contre eux aussi bien qu'ils peuvent. M. Perrot donne à ce royaume 220 lieues de côtes, et 150 de profondeur ; M. Renaudot compte 215 lieues de côtes, 180 pour largeur moyenne du sud au nord ; enfin, la carte de Dufour, 205 lieues sur 140, et 19,000 lieues carrées de superficie. Le moins élevé de ces calculs donne une étendue au moins égale à celle de l'Italie, avec un climat et un sol supérieurs encore à ceux de cette belle péninsule, en sorte que la contrée qui porte le nom de royaume d'Alger pourrait nourrir deux fois plus d'habitans que l'Italie ; elle les nourrissait en effet, soit lorsque la province d'Afrique était la plus riche et la plus heureuse entre les provinces romaines, soit lorsque l'empire des khalifes la rendit pour la seconde fois à la civilisation, y fonda de nombreuses universités arabes, et en fit le siége de la littérature, des sciences et des arts, à l'époque où toute l'Europe croupissait dans l'ignorance et la barbarie. Cependant, tel a été le poids accablant de la tyrannie que la milice d'Alger exerce sur ce royaume, qu'elle en a réduit la population à deux millions et demi d'habitans, débris des anciens peuples bérébères, maures, arabes, moresques d'Espagne, et juifs. La seule règle de gouvernement que connaisse la régence d'Alger, c'est de prendre aux malheureux habitans tout ce qui peut leur être enlevé. Les Kouloglis, enfans des Turcs, qui habitent les villes, avec quelques restes des Maures asservis et dégénérés, et les Juifs, obtiennent seuls une sorte de protection et de justice, dans un rayon peu étendu, autour de ces villes, où se trouvent leurs cultures et leurs jardins. Les villes, autrefois nombreuses et florissantes, n'ont plus ni industrie, ni commerce, ni manufactures ; leur population diminue rapidement, et la plupart tombent en ruines. Les campagnes plus éloignées sont cultivées par des Bérébères et des Maures, qui ne s'y montrent que pendant la saison des travaux, mais qui se réfugient dans les déserts ou dans les montagnes, aussitôt qu'ils ont terminé les récoltes, dont ils emportent une partie avec eux, et dont ils enfouissent le reste en terre ; tandis que, chaque année, les trois beys d'Oran, de Titeric, et de Constantine, lieutenans du dey, partent à la tête de trois corps d'armée turque, pour lever sur ces peuples la contribution annuelle, ou plutôt pour leur arracher de vive force tout ce qui est susceptible d'être emporté. On prétend qu'autour d'Alger, et à trois lieues de rayon on peut compter jusqu'à dix ou douze mille jardins ou maisons de campagne ; là on voit lutter la fertilité admirable du sol avec l'incurie et l'inhabileté du cultivateur, qui a laissé dégénérer tous les fruits de la terre. Dès qu'on a dépassé ces bornes, et la banlieue des autres grandes villes, la terre n'a plus de propriétaire, et le pays plus de gouvernement. Le premier occupant ensemence les champs qu'il ne pourra récolter que par surprise, en s'enfuyant avec le butin qu'il dérobe à la terre, comme s'il l'enlevait à l'ennemi.

Dans cette guerre pour lever les contributions, qui se renouvelle chaque année, dans cette lutte entre le brigandage et la barbarie, l'homme a souffert plus encore dans sa nature morale que dans son industrie ; le plus honteux des gouvernemens a produit des fruits dignes de lui. La milice souveraine, quoiqu'elle soit l'écume de la nation turque, est encore la partie la moins méprisable de la population d'Alger. Au milieu de ses vices et de sa férocité, elle a conservé de la discipline et de la valeur, et le pouvoir lui a inspiré une certaine dignité dans les manières ; mais toutes les nations sujettes ont dégénéré d'une manière effrayante. Les Koulouglis, enfans des Turcs, dont Renaudot porte le nombre à 150,000, et que la politique de leurs pères exclut de l'armée et de toute part au gouvernement, s'abandonnent à tous les vices et à la mollesse la plus efféminée ; les Maures, les Bérébères, les Moresques d'Espagne, désarmés par leurs oppresseurs, et toujours tremblans devant eux, n'ont rien conservé du courage de leurs ancêtres. Ils ont oublié également et l'art de la guerre, et les lettres dans lesquelles ils brillèrent et qu'ils rendirent à l'Europe, et les manufactures qui faisaient l'admiration de nos aïeux, et l'agriculture, dans laquelle, à Grenade et à Valence, ils avaient montré leur immense supériorité. Sans cesse décimés par leurs tyrans, qui voyaient, dans leurs talens, leur richesse, leur crédit, des motifs de les craindre, ils ne représentent plus que la populace de l'ancienne nation des Maures, à laquelle on a ôté toutes les supériorités sociales qui faisaient son lustre. Ceux qui vivent dans les villes sont tombés dans la crapule et l'esclavage ; ceux qui cultivent les campagnes, et qui se réfugient dans les montagnes et les déserts à l'approche des Turcs, sont descendus au plus bas degré de la vie sauvage. Les Juifs, enfin, repoussés, méprisés par toutes les autres classes de la population, placés dans l'échelle sociale au-dessous des esclaves, et ne pouvant boire aux fontaines publiques qu'après que le dernier des esclaves y a bu, sont accablés sous l'insulte et l'injustice, plus qu'ils ne le furent jamais au moyen âge par l'Europe intolérante.

Quelle gloire pour la France, quel bonheur pour l'humanité, qu'une expédition destinée à faire cesser ce scandale de l'ordre social, à empêcher un chef de brigands de prendre rang plus long-tems parmi les souverains ; une société formée pour le crime, de dominer plus long-tems sur une nation et sur une vaste contrée ! Quelle gloire pour la France, après avoir rendu la liberté à l'Amérique, et donné ainsi une seconde naissance aux nations-modèles qui commencent à s'élever au delà de l'Atlantique, après avoir soustrait la Grèce au glaive sanguinaire qui menaçait la tête de tous les Hellènes, de ramener la civilisation dans la patrie de Saint-Augustin, de la planter sur un sol où elle prospérera rapidement, où elle s'étendra, et qu'elle couvrira bientôt tout entier ! Car tout ce magnifique pays qui s'étend du Zahara à la Méditerranée, et de l'Atlantique aux rives du Nil, tout ce pays, le plus riche, le plus prospère, le plus tranquille de l'empire romain, ce pays couvert de cités florissantes, d'où quatre cents évêques se rendaient encore, au IV⁰ siècle, aux conciles d'Afrique ; ce pays renaîtrait au bonheur, à la richesse, à l'industrie, aux sciences et à la vertu, si les Français y portaient l'ordre et la liberté.

Mais quoi, dira-t-on, encore une entreprise chevaleresque ? Et c'est toujours la France qui se met en avant, qui sacrifie son sang, ses trésors, pour le bien commun de l'humanité ! «Que de vœux ne forme-t-on pas depuis des siècles, dit M. de Laborde, pour que les puissances de la chrétienté se réunissent, se concertent, dans le but de détruire ces repaires de brigands, qui entravent les communications, paralysent le commerce, et occupent sans profit un sol fertile.... Mais, s'il eût été désirable de hâter ce moment par le concours de toutes les puissances de l'Europe, quelle folie ne serait-ce pas à une d'elles de l'entreprendre seule, et de se faire ainsi le champion du genre humain (p. 44-45)». Certes, je me permettrai, dans cette occasion, de différer complètement d'opinion avec M. de Laborde. Je fais des vœux pour que les puissances de la chrétienté n'entreprennent jamais rien en commun ; j'ai peu de confiance dans la magnanimité des résolutions que pourrait prendre cet auguste sénat de rois ; j'en ai moins encore dans le concert, le zèle et l'habileté qu'il mettrait à les exécuter. L'intérêt direct pour les nations, comme l'intérêt personnel pour les individus, l'emportera toujours sur celui des compagnies et des coalitions, toutes les fois qu'on aura besoin d'accord, de suite, d'activité et d'intelligence.

Je dis l'intérêt, parce que c'est d'un grand intérêt qu'il s'agit pour la France ; il s'agit, en effet, du plus grand bénéfice qu'on puisse attendre d'une guerre, d'une conquête en même tems et d'une colonie : l'une et l'autre les plus riches, les plus avantageuses qui aient été offertes à l'ambition des hommes. Il s'agit de la conquête d'une région presque égale en étendue à l'Espagne, située sous le même ciel, presque à la même latitude, avec la même abondance de belles eaux, les mêmes productions, avec une fertilité de sol bien supérieure, et sans les vents glacés, si funestes à la Castille ; il s'agit de la conquête d'un pays qui, comme l'Espagne, n'a réellement de voisins que la France ; car il n'a de frontières à garder contre aucun ennemi. Le royaume d'Alger n'est séparé de Toulon que par cent trente-cinq lieues de mer, qu'une flotte franchira en huit jours, des vaisseaux marchands en trois jours, des vaisseaux de guerre en trente-six heures, des bateaux à vapeur en vingt-quatre heures. Cette mer réunit les États, tandis que les hautes chaînes des Pyrénées les séparent. Ce sont les centres d'activité commerciale et intelligente, Toulon ou Marseille, et Alger, qui sont voisins, tandis que le voisinage de Roses et de Perpignan est sans importance.

Le royaume d'Alger ne sera pas seulement une conquête ; ce sera une colonie, ce sera un pays neuf, sur lequel le surplus de la population et de l'activité françaises pourront se répandre. Souvent dans des calculs économiques on a évalué les colonies fort au delà de leur importance ; on a représenté

Saint-Domingue, par exemple, qui ne valait pas le dixième
de ce que peut valoir Alger, comme étant la source des ri-
chesses de l'ancienne France. Mais, en combattant cette er-
reur, d'autres ont aussi trop rabaissé la valeur des colonies.
Les vieilles nations de l'Europe, tout comme celles de l'anti-
quité, ont besoin de débouchés où elles puissent verser tout
l'excédant de population et de vie que crée en elles la civilisation. Sans doute la France est assez étendue et assez fertile
pour pouvoir nourrir deux fois plus d'habitans, employer
deux fois plus de capitaux qu'elle n'en a ; mais la propriété
est enchaînée dans l'ordre actuel, la proportion entre les produits et les besoins est reconnue, et ne saurait se changer sans
souffrance. L'amélioration progressive de la France s'opère,
mais avec une certaine lenteur, qu'il ne faut ni espérer, ni
même désirer de voir changer, sous peine d'éprouver les per-
turbations de toutes les existences qu'éprouve aujourd'hui
l'Angleterre. La France pourra employer un jour chez elle
les talens, les capitaux qui surabondent; mais c'est un fait
qu'elle ne les emploie pas aujourd'hui, qu'elle les repousse,
et qu'il en résulte un malaise universel dans l'état social. C'est
un fait que chaque génération amène des milliers de jeunes
gens, déjà initiés dans les arts, dans le calcul, dans l'intelligence des affaires, qui demandent de l'occupation, et qui
n'en trouvent point, parce que toutes les carrières sont rem-
plies; c'est un fait que toutes les places que peut donner le
gouvernement, que toutes celles que peut donner le commerce sont recherchées avec avidité; qu'il y a dans les pro-
fessions savantes plus d'aspirans, que le barreau, que la fa-
culté de médecine, que l'enseignement et que la presse n'en
peuvent employer au service du public. C'est encore un fait
que les manufactures, l'agriculture et le commerce ne ré-
compensent qu'imparfaitement l'activité qu'on y emploie ;
que la vente de tous les produits ou bruts ou ouvrés est difficile, que les marchandises, en prenant ce mot dans l'accep-
tion la plus large, dépassent les besoins du marché, ou la ca-
pacité des acheteurs ; qu'enfin les capitaux surabondent, en

(14)

sorte que l'État, malgré la crise politique où nous nous trou-
vons, malgré les doutes qu'on élève sur la votation du budget,
trouverait à emprunter à quatre pour cent, et que les négo-
cians, les manufacturiers, les propriétaires de terre emprun-
teraient à plus bas prix encore, s'ils offraient d'égales sû-
retés.

Toute cette masse de talens, de connaissances, d'activité et
de capitaux que produit la France avec surabondance, demande impérieusement de l'emploi ; elle le demande pour le
repos de la France ; car, tant d'activité non employée est
une cause permanente de troubles : elle le demande pour la
prospérité future de la France ; car il faut, pour que la France
soit progressive, qu'elle puisse, à mesure qu'elle se déve-
loppe, appeler de nouveaux talens et de nouveaux capitaux à
son service ; et il faut, pour cela, que la création de talens et
de capitaux surabondans ne soit pas découragée.

Chacun des grands États de l'Europe, la France seule ex-
ceptée, a un débouché pour les hommes actifs qu'il produit
avec surabondance. L'Angleterre a devant elle l'Inde, l'Aus-
tralasie, la pointe d'Afrique, le Canada et même les États-
Unis ; la Russie a toute la Sibérie, et ses conquêtes sur la Turquie et la Perse ; l'Autriche a des pays neufs dans ses provinces esclavonnes, des pays asservis en Italie, et une part
probable au démembrement de la Turquie. L'Espagne, le
Portugal, tant qu'ils ont eu de la vie, ont eu des débouchés
en Amérique, et pourraient en avoir encore, malgré l'indépendance de leurs colonies. La France seule se sent à l'étroit,
resserrée dans des frontières qui ne peuvent s'étendre. Faut-il
donc qu'elle soit laissée en arrière par toutes ses rivales !

On a supposé qu'une alliance avec la Russie aurait pu faire
regagner à la France quelques districts, ou, si l'on veut, quelques départemens sur le Rhin (1) : changement dans la limite
des États, qui aurait probablement allumé une guerre générale en Europe. Je ne sais trop ce que la France aurait gagné

----

(1) Ouvrage de M. DE LABORDE, p. IV.

en puissance, si elle avait détaché quelques lambeaux de la Prusse rhénane; sûrement, du moins, elle n'aurait rien gagné en activité industrielle, elle n'aurait ouvert aucun emploi nouveau aux capitaux qui affluent à la Bourse, faute d'être appelés ailleurs, aux capacités de cette jeunesse si industrieuse, si active, si instruite, qui demande avec tant d'instance du travail. Que l'Afrique lui soit ouverte, au contraire; qu'à deux ou trois journées des côtes de France, un pays immense, dont les neuf dixièmes sont sans propriétaires, un pays qui offre au choix les plus beaux climats de la Provence, de l'Italie et de l'Espagne, ainsi que les climats et le ciel des Antilles, appelle l'industrie française; et elle s'y transportera avec empressement, elle créera en peu d'années l'abondance, la sécurité et le bonheur. L'Afrique a surtout besoin d'hommes qui pensent au profit de l'industrie et d'hommes qu la garantissent. Elle appellera de préférence tous ceux qui sauront lui créer des ressources nouvelles et améliorer les anciennes, tous ceux qui sauront se mettre en rapport avec des peuples barbares, et leur communiquer de premiers élémens de civilisation, tous ceux qui pourront s'employer à administrer, à fonder l'ordre public et à le garantir; tous ceux, enfin, qui lui porteront les arts, les métiers, l'industrie qui ont besoin, pour se développer, des progrès des sciences et d'une civilisation avancée; quant à la force matérielle, quant aux bras qui exécutent, on les trouvera dans le pays. Si les Français arrivent en amis, en protecteurs, en libérateurs, s'ils viennent pour aider les Maures, non pour les opprimer, s'ils leur rendent la sécurité, l'égalité devant la loi, le respect pour la vie et le bonheur de tout ce qui porte l'effigie humaine, ils retrouveront en eux ces industrieux cultivateurs, ces hommes patiens, intelligens, actifs, qui couvrirent des merveilles de l'agriculture moresque les territoires de Grenade et de Valence; ils trouveront dans les Juifs, dont plus de cinquante mille sont répandus dans le royaume, cette aptitude au commerce, cette promptitude de calcul, cette connaissance de tous les marchés de l'Afrique, qui en feront des agens adroits et habiles de tou-

tes les entreprises commerciales, des colporteurs et des dé-
taillans actifs, des voyageurs patiens, sobres et infatigables,
pour communiquer avec les peuples barbares du désert, ou
avec les tribus opprimées de Maroc et de Tunis.

Sans doute, pour obtenir ces immenses avantages, il ne
faut pas bombarder Alger; mais, au contraire, délivrer cette
capitale du joug qui l'accable : il ne faut pas raser une ville
qui contient plus de cent mille habitans, et en jeter les fortifications dans la mer, mais au contraire épargner les Maures
en accablant leurs oppresseurs, sauver les fortifications, les
réparer, les compléter du côté de la terre, pour les rendre
aussi bonnes qu'elles le sont du côté de la mer. Il ne faut pas
faire la guerre aux sujets d'Alger, mais au contraire les sépa-
rer de leurs maîtres, rechercher leur alliance, dissiper leurs
préjugés, triompher de leur aveuglement, et commencer par
leur faire du bien malgré eux; car l'expérience seule peut
leur apprendre que le plus grand bienfait que puisse leur accorder la France, c'est de les conquérir, pour les gouverner
ensuite par des lois égales. Il ne faut pas venger l'honneur
de la couronne sur la milice turque ; car jamais il n'a dépendu
d'une association de brigands d'attenter à l'honneur de personne ; mais il faut exterminer cette association, et, si l'on
épargne les personnes, tuer du moins le corps politique des
forbans, anéantir un gouvernement qui ne diffère des bandes
de voleurs de la Sabine qu'en ce qu'il comprend un plus
grand nombre de malfaiteurs.

Parmi les projets qu'on suppose au ministère, quant à cette
guerre d'Alger, il y en a dont l'absurdité ne le cède qu'à la
cruauté. On a dit, par exemple, qu'on détruirait une grande
capitale, innocente des crimes de la milice turque, et déjà
trop malheureuse de ce qu'on l'a laissée si long-tems sous la
domination de ces brigands étrangers ; ou bien on a dit qu'on
leverait sur elle une telle contribution de guerre qu'elle paie-
rait tous les frais de l'expédition ; qu'ensuite on évacuerait
Alger. Ne parlons pas de l'injustice, de la cruauté d'égorger,
ou de chasser dans les déserts et de faire périr de misère,

en lui enlevant sa dernière ressource, toute la population pai-
sible d'une grande ville ; n'est-il pas évident qu'on ne laisse-
rait à la partie active de cette population d'autre ressource
que la piraterie et le brigandage ; que, même eût-on détruit
la milice turque, les Maures seraient poussés par la misère
et par le désir de la vengeance à armer en course de toutes les
rades de l'Afrique, ou des ports de Bonne, de Bugie, de Tennis
et d'Oran. On a annoncé la fondation d'un Ordre de chevale-
rie pour gouverner l'Afrique, comme si l'on ne savait pas que
les chevaliers peuvent être bons pour combattre, non pour
fonder ou gouverner les empires ; que ceux de Malte, par
leur orgueil et leur intolérance, se sont toujours fait des ennemis des peuples qui leur étaient soumis ; que, recrutés
dans toute l'Europe parmi la plus brave noblesse, et riches
de tant de commanderies, la valeur qu'ils ont déployée, les
trésors qu'il ont prodigués, pour défendre et perdre successivement la Palestine, Rhodes et Malte, auraient suffi pour
conquérir et gouverner l'empire ottoman, si le bon sens des
hommes d'État, la paternité d'une administration intelligente,
avaient secondé la bravoure des chevaliers. On devrait se rap-
peler aussi que l'Ordre de Malte fut le modèle que Horuc
Barberousse chercha à imiter, et que la piraterie d'Alger fut,
à ses yeux, aux yeux des musulmans, une guerre sacrée contre les infidèles, et une copie assez exacte de la guerre sacrée
des chevaliers de Saint-Jean contre les Turcs.

Alger doit être la conquête et la colonie de la France ; et
certes, pour vaincre, pour exterminer douze mille forbans,
sans racines dans le pays qu'ils oppriment, la France n'a pas
besoin d'alliance, ou de secours étrangers. Mais j'entends
dire : l'Angleterre ne le permettra pas. Je m'étonne qu'un
Français puisse répéter ces paroles, que son sang ne bouil-
lonne pas d'indignation, à l'idée que l'Angleterre permettra
ou ne permettra pas quelque chose à la France agissant
dans son droit. Mais enfin, puisqu'on a employé ce langage,

je répondrai que l'Angleterre permettra à la France la conquête d'Alger; car elle n'a ni le droit, ni le pouvoir, ni l'intérêt de l'empêcher.

LE DROIT. On a fait l'honneur à la régence d'Alger de la
regarder comme un gouvernement : dès-lors, il y a guerre
entre deux royaumes indépendans, celui de France et celui
d'Alger; le second est en paix avec l'Angleterre, mais n'a jamais eu d'alliance avec elle, jamais l'Angleterre n'a garanti
sa constitution, son indépendance, ou ses frontières. La
guerre a eu un prétexte légitime, et tel que toutes les nations
l'admettent dans leur droit public, savoir une insulte grave
au représentant de la puissance qui a déclaré la guerre. Quant
aux premières causes de la querelle, quant aux récrimina-
tions, il n'y a entre les deux puissances belligérantes d'autres
juges que le sort des armes et la volonté de Dieu. La France
n'a pu s'engager par avance à ne point faire de conquêtes
dans une guerre légitime; ce serait une promesse sans exemple dans le droit public de l'Europe; et jamais la France, ou
l'Autriche, ou la Russie, ne se sont aventurées à en demander
une semblable aux Anglais, à dire qu'elles ne permettraient
pas à l'Angleterre la conquête de la Cafrerie, ou celle de l'empire des Birmans, dont cette puissance s'est tout récemment
approprié quelques provinces.

LE POUVOIR. Je conçois que, si l'Angleterre contractait une
alliance avec Alger avant le départ de l'expédition, et déclarait
la guerre à la France, elle pourrait rendre fort difficile et fort
hasardeux le passage d'une grande flotte, quand même celle-ci
n'aurait qu'un trajet de huit jours à faire, dans une mer ouverte, à une immense distance des ports anglais : je laisse à
juger à ceux qui ont pu apprécier la conduite du ministère
anglais, en faveur du sultan que le roi d'Angleterre avait appelé son plus ancien allié, l'ardeur de ses vœux, ses démons-
trations équivoques, et sa crainte de se compromettre, s'il y a
aucune chance à ce que l'Angleterre déclare aujourd'hui d'a-
vance la guerre à la France pour protéger le dey d'Alger.

Mais, le débarquement une fois effectué, et la ville d'Alger soumise, il n'est plus au pouvoir de l'Angleterre d'entraver la France dans ses opérations. Je crois, plus que personne, que les colonies lointaines des Indes ou des Antilles ne conviennent point à la France, puissance continentale, qui s'affaiblit en voulant disputer l'empire des mers. Ses flottes, dans une longue navigation, ne peuvent éviter d'être rencontrées par les flottes anglaises; leur défaite entraîne la chute des colonies, surtout de celles qui sont insulaires, qui sont affaiblies par une population d'esclaves, et qui comptent sur la métropole pour leur subsistance. La France ne tient la Martinique, la Guadeloupe, l'île de Bourbon, que sous le bon plaisir des Anglais; aussi est-il fâcheux pour elle d'y accumuler de nouveaux capitaux, de donner ainsi de nouveaux gages à ses rivaux. Mais une colonie comme Alger, protégée par les redoutables fortifications et l'artillerie formidable qu'au dire de plusieurs les Français ne pourront pas conquérir; une colonie dont la côte inhospitalière est visitée par de si terribles tempêtes, une colonie continentale qu'on ne peut point tourner, point prendre par derrière, une colonie dans un pays fertile en grains, abondant de tous les fruits de la terre, et qui serait dix ans séparé de la métropole sans éprouver un besoin; une telle colonie ne peut être ni conquise, ni détruite par les flottes anglaises, d'autant plus qu'elle ne tardera pas à être défendue par deux millions et demi de sujets; car les Français ont, par dessus toutes les autres nations, le talent de se faire aimer des peuples barbares et de sympathiser avec eux; ils l'avaient prouvé autrefois au Canada, comme plus récemment en Égypte; et ils peuvent apporter aux Maures un si grand bien, ils peuvent faire cesser pour eux une oppression si épouvantable, que peu de tems doit leur suffire pour gagner les cœurs de tous les Africains. Quand une telle colonie est une fois fondée sur ces principes du bien de tous, que la France entend mieux qu'aucune autre nation, il est de sa nature de grandir et de se fortifier sans cesse. La France, maîtresse d'Alger, s'avancera plus rapi-

dement encore vers l'empire africain que l'Angleterre vers
celui de l'Inde, la Russie vers celui du nord de l'Asie; et il est
dans l'intérêt de l'Europe que ses progrès soient, en effet, pro-
portionnés à ceux de ces deux colosses. Trois ans d'expérience ont montré le peu de succès que doit attendre une
escadre qui entreprendrait le blocus d'Alger. Qu'on juge quel
serait son résultat, si c'était une armée française et non la milice d'Alger qui se défendît dans ses murs, si c'était la flotte
britannique qui, arrivant de Plymouth, après une navigation
de 540 lieues marines, trouvât pour ennemis les deux rivages
de la Méditerranée, tandis que des embarcations, parties de
Marseille ou de Toulon, n'auraient que 135 lieues à faire pour
tromper sa vigilance.

L'INTÉRÊT. On répète qu'il est trop contraire aux intérêts de
l'Angleterre que la France ait une colonie en Afrique pour
qu'elle puisse le souffrir; et cependant je ne vois pas qu'on
ait une seule fois indiqué en quoi ces intérêts consistent. On
a dit que l'Angleterre, jalouse de la marine des petites puissances de la Méditerranée, de celle surtout des Génois, qui
pouvaient faire le cabotage à meilleur marché qu'elle, avait
vu avec plaisir la piraterie des Barbaresques ruiner cette marine, et rendre les vaisseaux italiens moins sûrs pour le
transport des marchandises. Cela est possible; mais c'est un
intérêt si petit, si honteux, qu'on n'ose le produire au grand
jour, qu'aucun Anglais ne l'avoue, et que l'Angleterre rougi-
rait de faire la guerre à la France, pour l'empêcher de détruire la piraterie des Algériens. On a comparé l'expédition
d'Alger à celle d'Égypte; mais celle-ci fut entreprise tandis
que l'Angleterre était en guerre avec la France et alliée avec
la Turquie : d'ailleurs, le vrai motif de sa jalousie, c'est que
la France s'ouvrait par l'Égypte une route plus courte vers
l'Inde, qu'elle ne dissimulait pas que son but était d'attaquer
dans cette contrée l'empire britannique, et que même, en n'ef-
fectuant pas ce projet, la civilisation de l'Égypte aurait appelé
dans cet entrepôt, par la mer Rouge et la Méditerranée, le com-

merce de l'Inde, et aurait fait aux Anglais cette concurrence qu'on est convenu de regarder comme un dommage commercial. Mais le royaume d'Alger ne menace par aucune de ses frontières aucune possession anglaise, aucun allié de l'Angleterre; il ne fait rivalité à aucun de ses marchés; et le commerce nouveau qu'il ouvrirait en France avec l'Afrique centrale, le commerce immense qu'il ferait lui-même de ses propres produits, quand il serait rendu à l'industrie et à la prospérité, augmenterait les relations commerciales de l'Angleterre, loin de les diminuer. On a dit encore que l'Angleterre ne souffrirait point que la conquête d'Alger compromît son empire sur la Méditerranée. L'Angleterre attache, en effet, un grand prix au commerce qu'elle fait avec la Turquie, la mer Noire et les côtes d'Italie; elle a donc voulu que ses flottes pussent toujours le protéger sur la Méditerranée, qu'elles y fussent toujours redoutables, qu'en cas de guerre ses vaisseaux y trouvassent des asiles assurés; qu'enfin les parties plus étroites de cette mer fussent plus particulièrement soumises à son inspection. Par des dépenses très-considérables, elle s'est assuré la forteresse de Gibraltar, qui lui garantit tout au moins une entrée toujours libre dans cette mer, par le détroit qui porte son nom. Elle s'est encore attribué la possession de Malte, même au risque, pour l'obtenir, de se faire accuser de manque de foi, parce que Malte était un point d'inspection et de garde, sur la mer, comparativement étroite, qui sépare la Sicile de l'Afrique. Nelson reconnut l'importance de ces deux points, lorsqu'il voulut intercepter l'expédition d'Égypte. Il sentit même la nécessité d'en obtenir un troisième dans les mers de Grèce, où la flotte de Bonaparte s'était dérobée à ses recherches. Aussi l'Angleterre a-t-elle ambitionné la protection des sept îles Ioniennes, d'où elle veille sur la Grèce et sur l'Adriatique, tandis que l'insolence de ses agens y a fait détester son autorité peut-être bienfaisante. Mais la possession d'Alger n'ajouterait pour elle aucune garantie à cette chaîne de postes qu'elle regarde comme importans ; par ce motif, elle ne donna point à lord Exmouth l'ordre de conquérir cette ville, mais de la brûler. D'autre part, Alger, aux mains des Français, ne diminuerait en rien la domination que ses flottes s'arrogent sur la Méditerranée. Alger ne pourrait servir à la France de point d'attaque, ni contre Gibraltar, ni contre Malte, ni contre Corfou, et n'empêcherait point l'escadre britannique de croiser librement dans la haute mer. En cas de guerre entre la France et l'Angleterre, la côte d'Alger serait ennemie pour l'Angleterre, comme la côte de Provence; mais jamais l'Angleterre n'a compté sur l'amitié des Algériens, ou n'en a fait usage. L'Angleterre ne pourrait interrompre la communication entre la France et sa colonie, non point parce que la côte d'Afrique serait hostile pour elle, mais parce qu'en tout tems la nature l'a rendue dangereuse, et qu'elle ne peut déjà point y faire stationner ses vaisseaux. Enfin, l'occupation de Gênes, de Livourne ou de Civita Vecchia par les Français, serait bien plus contraire aux intérêts militaires ou commerciaux de l'Angleterre que celle d'Alger.

Reste un seul motif de mécontentement, la jalousie. La conquête d'Alger et l'administration prospère de ce beau pays ranimeraient en France le commerce, l'industrie et l'esprit d'entreprise. Les manufactures françaises travailleraient bientôt avec un renouvellement d'ardeur pour ces nouveaux sujets, pour des sujets dont le nombre, la richesse et les besoins s'accroîtraient rapidement. La France tirerait d'Alger tous les produits que peuvent donner les climats de l'Italie et de l'Espagne, joints à tous ceux des tropiques , joints à tous ceux du commerce des caravanes d'Afrique ; et l'échange entre les marchandises des deux côtes, séparées par une navigation de trois jours, serait si prompt et si sûr que la guerre maritime elle-même ne pourrait pas l'interrompre. La France prospérerait ; mais d'abord est-il bien sûr que l'Angleterre en ressentît une si basse jalousie ? Est-il bien sûr qu'elle ne vît pas, ce que quelques-uns de ses ministres, M. Huskisson

entre autres, ne cessent de proclamer, qu'un pays commer-
çant s'enrichit par la prospérité des peuples avec lesquels il
commerce, que la civilisation d'Alger et les fruits qu'en re-
cueilleraient les Français tourneraient indirectement au profit
de l'Angleterre? Est-il bien sûr que, jalouse comme cette
puissance se montre aujourd'hui de la Russie, elle redoutât
un accroissement de puissance de la France, sans lequel
celle-ci ne pourrait servir à l'autre de contrepoids? Est-il
bien sûr qu'au moment où le ministère anglais recherche l'alliance de la France il osât avouer qu'il s'oppose à tout ce qui
tournerait au profit des Français? S'il professait de tels senti-
mens, comment pourrait-il compter sur l'alliance qu'il dé-
sire?

Dans tous les cas, jamais, nous le croyons, un ministère
français n'aurait la bassesse de flatter la jalousie des ennemis
de la France. Déjà cette France peut demander à son ministère un compte sévère d'une guerre entreprise sans l'assenti-
ment national, et dont les préparatifs, imprudemment préci-
pités, lui causeront peut-être beaucoup de charges inutiles.
Mais ses accusations seraient accablantes, si la victoire sur
laquelle elle a droit de compter demeurait infructueuse; si la
conquête qu'elle achètera de ses trésors et de son sang était
bassement sacrifiée à la jalousie de l'Angleterre; si l'honneur
national aussi-bien que la prospérité du pays étaient com-
promis par la victoire, plus encore que par la défaite. La
France doit veiller, elle veille, à ce que la guerre entreprise
contre des forbans ne soit pas tournée contre leurs innocen-
tes victimes; à ce que les drapeaux français soient un objet
de terreur pour le dey et ses brigands, mais de confiance et
d'espérance pour les Maures; à ce que le pays où elle porte
ses armes soit ménagé, comme un pays dont elle se réserve
la propriété; à ce que le soldat ne détruise pas pour détruire,
ne tue pas pour tuer, mais qu'il épargne, pour la France, les
hommes qui deviendront ses frères, les choses qui fonderont
avec leur prospérité celle de son pays; à ce qu'enfin la

guerre qui ravage soit sans cesse modérée par l'esprit de conquête qui veut fonder, restaurer, vivifier pour l'avenir. Telle
est la tâche, la vraie tâche que la France impose à son ministère, en lui laissant encore, quoique sans confiance en lui,
disposer de son sang et de ses trésors. Malheur à lui, s'il la
négligeait, au mépris des intérêts de la patrie et de ceux de
l'humanité !

J. C. L. DE SISMONDI.

IMPRIMERIE DE PLASSAN ET Cᵉ, RUE DE VAUGIRARD, Nᵒ 15.